Mydylau

Cynhaeaf Cerd

CU00932951

Mydylau

Cynhaeaf Cerddi

W. R. P. George

Cyhoeddiadau Barddas
2004

Argraffiad cyntaf: 2004

ISBN 1 900437 64 3

Cyhoeddwyd gyda chymorth ariannol Cyngor Llyfrau Cymru.

Cyhoeddwyd gan Gyhoeddiadau Barddas

Argraffwyd gan Wasg Dinefwr, Llandybïe

Cyflwynedig i'm gwraig Greta,
a ninnau newydd ddathlu ein
priodas aur gyda'n teulu

Cydnabyddiaeth

Ymddangosodd rhai o gerddi'r gyfrol hon yn y cyfrolau canlynol: *Cerddi'r Neraig* (Gwasg Christopher Davies, 1968); *Grawn Medi* (Gwasg Gomer, 1974); *Tân* (Gwasg Gomer, 1979); *Dringo'r Ysgol* (Cyhoeddiadau Barddas, 1989). Diolch i'r Gweisg am eu cydsyniad parod i rai o'm cerddi a gyhoeddwyd ganddynt eisoes gael eu cynnwys yn y gyfrol hon, amryw ohonynt ar newydd wedd, a diolch i Wasg Gomer am ryddhau i Gyhoeddiadau Barddas y cerddi o'm gwaith a gyhoeddwyd ganddynt. Ymddangosodd rhai o'r cerddi a luniais ers 1989 mewn cylchgronau fel *Taliesin* a *Barddas*, ond cyhoeddir llawer o'm cerddi am y tro cyntaf yn y gyfrol hon.

Diolch i Miss Mary Howel Williams am ganiatâd i gynnwys yn y gyfrol luniau y Capteiniaid Hugh Williams R.W.F. a Hywel Williams R.W.F. Diolch hefyd i olygydd y *Cambrian News* am ganiatâd i gynnwys llun o'r coroni yn Eisteddfod Genedlaethol Bro Myrddin (1974) yn y gyfrol. Diolch i Mr Maldwyn Peris, Penygroes, am ei gymorth arbennig i sicrhau caniatâd yr Orielau perthnasol i atgynhyrchu lluniau Millet *Y Lloffwyr* a lluniau Bruegel *Yr Orymdaith i Galfaria* a *Helwyr yn yr Eira*.

Mae fy niolch pennaf i Alan Llwyd am ei barodrwydd i gyhoeddi'r gyfrol ac am ei ofal arbennig wrth adolygu'r cerddi, gan wneud sawl awgrym gwerthfawr wrth baratoi'r gyfrol ar gyfer y wasg. Yn olaf, diolch i Gyhoeddiadau Barddas a Gwasg Dinefwr am eu gwaith cymen yn argraffu'r gyfrol.

Cynnwys

Rhagair 9	Hanner Canrif Wedi'r Cadoediad 60
Gadael Llencyndod 10	Sarajevo 62
Y Goeden 11	Cwm Tryweryn 63
Mai 1943 14	Y Tarw Bach a Chymru 65
In Memoriam 15	Warsaw 67
Er Cof: William George 16	Gwledd yn Warsaw 68
Dafydd Oleubryd 18	Gwenallt 69
Merched Cymru 19	Aneurin Jones 70
Siesta 20	Y Bonwr Gwilym Humphreys 71
Gwyliau yn Llandrindod 21	Dafydd Orwig 72
Dau Ddarlun:	Dun Aengus 73
Grey Tube Shelter 23	Cynan 75
Pink and Green Sleepers 24	Yr Arlywydd Siôr Bush 76
William George 25	Sarff 78
Dafydd Llwyd 27	Efnisien 80
F'ewyrth – Iarll Lloyd George	Cwestiwn 81
o Ddwyfor 28	Meini ar y Traeth 82
20 Hydref 1912 29	Pobol Mwyar Duon 84
6 Awst 1914 30	Merch mewn Anarac 85
Lladdedigion 31	Ambell Ddiwrnod 86
Y Parchedig Lewis Valentine D.D. 33	Emyn Nadolig 87
Wedi'r Sychder Mawr 34	Emyn y Groglith 89
Dirgelwch 36	Emyn Priodas 90
Gorllewin Iwerddon 37	R. Williams Parry 91
Cymru 38	William Jones, Tremadog 91
Y Llong Oseberg 39	Lewis Valentine 91
Giza 40	Y Groes Naid 92
Yuri Gagarin 41	Tristan Da Cunha 92
Armstrong ac Aldrin ar y Lleuad 43	Carneddog a'i Briod 92
Dadeni 44	Colledigion Brwydr y 'Falklands' 93
Cymru Heddiw 47	Y Nadolig Cyntaf 93
Y Cynulliad Cenedlaethol 48	Nadolig 94
Tân 51	Am Nad Oedd Lle yn y Llety 94
Galeria Borghese, Rhufain 54	Bethlehem 94
Ymson mewn Trên 55	Afon Dwyfor 95
Jan Palach 58	Yn Naw Deg Oed 96
Martin Luther King 59	

Rhagair

Yn neuadd y gerdd
'does neb yn heneiddio
ond ar agor o hyd
mae drws
i glywed suon awelon,
sŵn y gwynt sy'n chwythu
ac ambell don fel taran
yn torri ar draeth y cof.

Gadael Llencyndod

Mwy ni ddychwel mwyniant
y munudau telynegol hynny
pan oedd cwch bregus fy mordaith
wrth angor rhwng dau lanw,
yn llonydd mewn cilfach werdd
a llun fy myd yn llonydd.

Y munudau o hedd cyfareddol
a sleifiodd ymaith
cyn gwybod dim oll ond eu colli
a cholli ffydd ac aflonyddu
lle'r ymlonyddwn gynt.

Codwyd angor enaid heb ungair;
mwyach nid oes im lonyddwch,
dim ond dilyn, dilyn a cheisio dal
llong lwydolau atgof drwy'r culforoedd
cyn cyrraedd y traethau dieithr.

Y Goeden

Mae cloch yr ysgol yn help yn yr ymchwil,
yn enwedig pan fo gwynt y môr
yn chwythu'n gryf o'r De-orllewin
ac yn cario'r sŵn
hyd at gaeau Pen-y-Stumllyn;
yno fe welaf yr hogiau, Dafydd Winston, Bwlyn,
a minnau yn grwt wrth eu hochr
wrthi yn chwalu clawdd cerrig
y ffarmwr Owain Williams
er mwyn i Brins, y milgi main,
gael ei balfau taer ar feddalwch cwningen
a ddaeth i ben ei thaith osgoi
mewn agen yn y meini.

Rwy'n clywed ei gwich olaf heddiw
cyn i safn Prins gau,
fel trap, am ei gwddf blewog,
a'i gollwng yn llipa wrth ein traed,
yr helwyr deuddeg oed.

*   *   *

Mynd ar daith trên
yn ôl i'r gorffennol
yw gwylio'r gorsafoedd yn fflachio
heibio un ar ôl y llall.

Wrth i'r trên ysgol o Orsaf Fictoria
gyrcydu'n fyglyd dan y pontydd
rhwng Penge East a Herne Hill
rwy'n gweld defaid dyffrynnaidd
yn pori caeau Caint a'r afalau
yn gwrido mewn perllannoedd.

Roedd y rhesi hopys yn barod i'w casglu.
Ni welais erioed y fath blanhigion
o'r blaen, a gofynnais beth oeddynt.
Atebodd hogyn:
A ydi dy dad yn yfed cwrw?
A bu chwerthin mawr yn y cerbyd.

Yn sydyn ar ochor y lein
daw perllan yng Nghaint i'r golwg
a bair i mi gyffroi:
mae gwaed dros ei dail a'r afalau,
fel y berllan yn Arles
a welodd van Gogh.

Ar gae criced yr ysgol
ddiwedd Medi yn Westgate-on-Sea
mewn crys a throwsus llaes, gwyn
roeddwn mor bell o'm cynefin
ag oen mynydd ar wastatir Caint.
Fe'm cipiwyd oddi yno
i olchi fy ngwlân disberod
mewn pwll nofio yn Margate;
fe'm bwriwyd i mewn iddo
yn y pen dwfn.

Weithiau o hyd yn nwfn nos
rwy'n methu â chael fy mhen
yn rhydd o'r dŵr
a disgwyliaf yn fy ngwely
am law gref i afael ynof
a'm codi o'r dyfnder.

Wedi suddo am y trydydd tro
cydiaf mewn polyn uwch fy mhen
ac fe'm llusgir o'r pwll;
ar deils concrit gorweddaf mewn llesmair
rhwng cwsg ac effro a breuddwydio

fy mod gartref yn eigion Eifionydd
ac yn cymowta yn ei choedwigoedd.

*   *   *

O dymor i dymor ysgol
ac o flwyddyn i flwyddyn,
ar waethaf pob caredigrwydd
a gofal, ni ddarfu fy hiraeth.
Gartref, ar wyliau, aeth yn fwy anodd
dringo'r goeden, ac ambell waith,
a mi'n ymdroi wrth fôn y goeden,
teimlwn fod pwysau,
fel plwm, yn fy sgidiau
yn cadw fy nhraed ar lawr.

Dro arall roedd fy nwylo
yn llawn o ofalon
ac ni allwn gydio yn y goeden
a'i dringo fel gynt.

Un diwrnod
fe lwyddais i'w dringo
er mwyn morthwylio i'r llawr
fy nhŷ coed;
roedd pydredd yn ei do rhwyllog
a'i drawstiau yn ymddatod.

Pan euthum yno heddiw
ni allwn, er dymuno, ddringo'r onnen;
fe'i lloriesid hithau
gan sgrympiau Gŵyl Grog
a gorweddai gyda'r dail crin.

Mai 1943

Mae'r wybren ddu yn pwyso
ar fôr sy'n llonydd lyn;
aeth ymaith yr awelon,
tawelodd coed y bryn.

Rhyw ddydd di-haul, cyntefig
o'r dyfnder mawr a ddaeth;
rhag hwn a'i wyll bygythiol
yr wylan olaf aeth.

Mae'r düwch sydd o'm hamgylch
yn ddrych o enaid byd –
y dydd cyntefig, tywyll
sy' 'nghalon dyn cyhyd.

Disgynnodd deilen heddiw
o'r gangen uwch fy mhen
ond chwa o wynt a fethodd
ei chodi'n ôl i'r pren.

Clywais am bren sy'n adfer
y crinddail ato'n ôl
a dyf ar Fryn esgyrnog
ymhell o erwau'r ddôl.

In Memoriam

(Bu farw fy mam, Anita, ar 6 Mehefin 1943)

Pan welaf dy ddarlun
boed nos neu ddydd
ei dlysni sy'n gwanu
fy nghalon brudd.

Ynghlwm mae wrth gadwyn
o hiraeth pur
a ffaelaf er ceisio
anghofio'r cur.

Pam, dywed im, f'annwyl,
nad aethost â'th lun
y dydd y'm gadewaist
mor sydyn i'th olaf hun?

Er Cof: William George

(Bu fy nhad farw ar 25 Ionawr 1967, yn 102 oed namyn mis)

Daeth hiraeth i ardd a thŷ;
absenoldeb ei wyneb a'i wên.

Tŷ a'i wag ystafell,
a thywarchen dros ei berchen am byth.

Yma heno'r canwr emynau
nid yw; aeth i'w bell daith,
yn nes at Dŷ ei Dad,
y canai amdano.

Ymddolennai gwifrau hirfain ei gof –
meined oeddynt yn ei ymennydd! –
i'w bell-yn-ôl blentyndod a'r aelwyd
gyfarwydd yn Llanystumdwy.

A rhywun wrthi'n tynhau y gwifrau,
tua'r diwedd, cyn iddynt snapio,
roedd yn ôl, yn llythrennol, yno.
ar wely wensgod yn Highgate
gyda Dafydd, ei frawd hŷn,
yn ei gau i mewn yn erbyn y palis pren.

A'r llofft ar fin goleuo'n y bore
bach, roedd Dafydd dan aeafgwsg trwm.

Mewn pryder a braw galwodd 'nhad
am i rywun gynnau cannwyll:
mae'n hen bryd i ni godi, meddai,
rhag bod yn hwyr i'r ysgol.

Bu bron i mi fynd i chwilio
am ddau bâr o esgidiau hoelion bychain
a wnaed gan Richard Lloyd
a fu'n sychu dros nos ar lawr y gegin.

Yr oedd ar 'nhad ofn bod yn hwyr i'r ysgol
a chlywed Ifa's y sgŵl yn dwrdio
Dafydd ac yntau â chansen yn ei law.

Mae ofn yn afresymol.
Gall eiliad o fraw mewn tywyllwch
beri cam-dyb – efallai;
annhegwch ag Ifa's y sgŵl
a wnaeth gymaint dros y brodyr a'u chwaer.
Dwedais wrth 'nhad fod Dafydd yn cysgu,
ac nad oedd yn amser codi eto;
'ddwedais i ddim mai ar lan Dwyfor y cysgai.

Diflannodd yr ofn o wyneb 'nhad;
nid ofnai Mr Ifa's na neb
pan âi i Gapel Pen-y-maes
ac i ysgol Llanystumdwy mewn pryd.

Bellach, roedd y tensiwn drosodd;
llaciwyd y gwifrau yn ei ymennydd
a daeth yr henwr a'r hogyn
at ei gilydd yn un person.

Dach chi eisiau rywbeth pellach, meddwn wrtho.

Eisiau mynd drwy'r dŵr sy' arna' i
oedd ei ateb parod, a gwyddai ef a minnau
nad afon Dwyfor oedd o'i flaen i'w rhydio.

Dafydd Oleubryd

Weithiau rwy'n mentro ceisio cael i'm cof
y braidd-gyffwrdd brithgofion amdano ef,
Dafydd oleubryd, fy mrawd a'm gefell.

Wedi ugeinmis cwta ar y cyd
yn yr un goetsh fach
a'n cyd-ymbil â mam
am degan a maldod
diflannodd Dafydd
fel ôl ei gastell ar draeth
pan droes y llanw a chwalu
gorchest ei gaer dywod.

Croesodd i ochor dywyll y cof
wrth i'r gwynt o'r môr a'r llanw godi
a golchi sŵn ein cyd-chwerthin
oddi ar draeth ein mabandod.

Fe ddihengais i yn fy nghlytiau rywfodd
dros afon Lethe heb gofio'r dydd o Fehefin
ym Mhenfro, dydd hwyaf y flwyddyn,
pan sgleiniodd yr haul ar arch fechan wen
Dafydd oleubryd cyn mynd adref o Abergwaun.

Y gwacter a adawodd weithiau
a dry'n obaith cudd yn y diwedd
y'n cedwir ni'n dau
a fu'n cyd-wingo a chydorwedd
mewn croth, mewn crud
yn efeilliaid, efallai.

Merched Cymru

Rydym o uchel dras y pendefigion –
Llywelyn y Llyw Olaf, Glyndŵr,
Cynddylan a Llywarch Hen,
chwiorÿdd Heledd a hithau'n wylo,

Oherwydd fe welsom eglwysi Bassa yn llosgi,
cyn cilio ohonom i gilfachau mynyddoedd
ar drai heb na thai na thir,
heb na gwely nac aelwyd
a llechu ar y llechwedd
pan gurai'r cesair ar glogwyni.

Ond fe orfu ein calon,
a'n plant a fu fyw
ar hela'r maes, hwylio'r môr,
hau ceirch yng nghysgod creigiau.

Gwyddom am wnïadwaith,
a'r gaer eglur ar greigle,
y sidan glân, gloywliw
a phelydr haul drwy'r gwydr gwiw.

Gwyddom am waeau esgor
a gwae ysgaru . . . Heddiw
yn y pedwardegau, pwy
a fesur gur dechreuad y ganrif hon?

Canrif fel tŵr du ym ymgodi
ac yn gysgod ar ein talcennau;
talpiau o'r tŵr sy'n syrthio
yn ddiwahân ar y saint a'r swrth,
ar wŷr, gwragedd, plant.

Tyrrem at y dynion
i adeiladu ac i ailadeiladu'r tŵr
gan dorri meini iddynt o'n mynwes;
hebom nid oes iddynt
flys i'w gwaed neu flas i'w gwin.

Siesta

Roedd sŵn cenllysg eu traed,
clip-clap-clip sandalau'r plant,
yn gawod atalnodau –
ar ôl i'r ysgol gau –
ar balmant Puerto Soler.

Pedwar o'r gloch oedd hi,
pedwar o'r gloch y p'nawn yn union,
pan fwriodd y plant bychain meingoes
y siesta o lygaid eu mamau
a eisteddai'n eu ffrociau du
ar fainc palmant yn Puerto Soler.

Chwi famau croen-olew, encilgar –
dim ond clip-clap-clip-clap-clip
sandalau'ch plant
sy'n bwrw allan syrthni'ch siesta
fel plu'r gweunydd,
i ymdroelli tua'r haul.

Gwyliau yn Llandrindod

Pan oeddwn gyda 'nhad a mam
yn y dauddegau cynnar
ar wyliau yn Llandrindod
fe welwn arwynebedd
y llyn yn y parc,
nad oedd fwy na llyn hwyaid,
trwy chwyddwydr llygaid plentyn
yn helaeth fel llyn Y Bala.

Cof am y Cymry dosbarth-canol,
wedi'r oedfa yn orymdaith barablus
ar y ffordd lydan tua'r llyn,
y Cymry a letyai yng ngwesty'r Gwalia,
y Demprans fwyaf yn y deyrnas,
y Gwalia sy'n awr yn swyddfa sir
ac yn gofadail amhersonol
o'r gymdeithas ryddfrydol, ddirwestol
a ddiflannodd fel caenen niwl o'r tir.

Tywynnai haul Awst yn Llandrindod
heb roi ar dân y dynion sedêt,
ond fe chwysent ar dro
yn llewys eu crys uwch y rhwyfau
a'u gwragedd parasôl wrth y llyw.

Heddiw wrth gerdded o'r Metro
ar hyd y lôn lydan tua'r llyn
rhwng Worcester House ac Alpine House
fe sylwais ar 'Maes Derwen'
yn llechu'n swil –
deilen o Gymreigrwydd crin Llandrindod
ar fin cael ei chwythu o'm blaen i'r llyn.

Mae'r tŷ-cychod o hyd fel pagoda
ar lan Loegeraidd y llyn bas;
aros mae'r cylch bryniau
oddi amgylch Llandrindod fel cefnau
ffosil hen forfilod a syrthiodd i drwmgwsg
am oes ddisymud y maen.

Dau Ddarlun

*(O waith Henry Moore a welais yn Oriel Tate yn Llundain;
fe'u gwelais rai blynyddoedd wedi'r rhyfel. Roedd eu gweld
yn dwyn yn fyw i'm cof yr olygfa a welais i fy hun pan oeddwn
yn Llundain ym 1943, ac fel llawer wedi cael lloches yng
ngorsaf y Tiwb ar nâd ddeunod y seiren.)*

Grey Tube Shelter

Ratlodd lantern goch y trên olaf
i'r mwrllwch; ni saif neb mwyach
ar y platfform.

Ystlys wrth ystlys y gorweddant;
fe'n cywasgwyd ni yma
yn y tiwb llwydoer fel
mân bysgod mewn tún.

Wrth i ni ymochel
rhag y cyrch awyr
fe'n daliwyd i gyd yma
i aros ar ein gorwedd
am byth
yn nhirlun y golau porffor.

O dir caeth y Meistr Cwsg
nid oes ddihangfa mwyach;
yng nghrombil y ddaear
ei heyrn sy'n dynn amdanom.

Pink and Green Sleepers

Yn y tiwb drafftiog, cynhesrwydd
clun wrth glun, cnawd wrth gnawd,
yw ein cynhesrwydd heno.

Fe droesom ein cefnau
ar bawb, ni'n dau,
wrth ymdoddi'n ein gilydd.

Roedd ef yn ddi-feind
i syllu arnom o'r gornel
â llygaid newynog.

Yfory – pwy a ŵyr?
Efallai, y bydd ef
uwch Môr y Gogledd
yn gelain mewn croc o awyren,
wedi bod yn bomio Berlin.

A hithau? Dwedodd wrthyf
mai gweini y bydd hi
ar saith sy'n marw
y tu ôl i'r llenni mewn ward
yn ysbyty Hammersmith.

Ond y munudau hyn,
a ninnau'n rhannu cyfrinach
ias yr oesau,
edrychwch draw
i gyfeiriad arall.

Mae heno'n eiddo i ni.

William George

(Bu fy nhaid farw mewn tyddyn bychan yn neheudir Penfro o'r diciâu a niwmonia ym 1864 pan oedd yn 44 oed. Collodd ei dad pan oedd yn fachgen wyth oed. Ailbriododd Mary, ei fam, â Benjamin Williams. Ar fferm Tre-coed y treuliodd ef ei lencyndod ond gadawodd y fferm yn ei arddegau i fyw ei fywyd ei hun. Cefais ar ddeall gan f'ewyrth, David Lloyd George, a'm tad, William George, mai cyfuniad o ddyfeisgarwch ei lystad Benjamin, diffyg crebwyll ei fam a roes ei hymddiriedaeth yn llwyr yn Benjamin, a diniweidrwydd bydol fy nhaid oedd yn gyfrifol am iddo golli ei etifeddiaeth dirol yn sir Benfro.)

Ac yntau'n athro ym Manceinion,
pan welodd ddafnau gwaed
dadlennol mewn poer, gwyddai
mai prydles fer fyddai prydles ei einioes ef.

Pan fu farw gadawodd ar ei ôl
deulu bychan, distadl, heb fawr
o sofrenni aur yn y tŷ, ond
silffoedd yn llawn at yr ymylon
o lyfrau maethlon a'i weddw alltud
ymhell o'i chynefin yn Llanystumdwy.

Yn Nhre-coed yn ei arddegau
gwyliai fy nhaid o gornel cae
y pladurwyr yn eu plyg yn lladd
gweiriau ac ydau dolydd toreithiog Tre-coed
yn waneifiau o gyfoeth i Benjamin.

Mewn ysgubor, allan o'i elfen,
fe'i byddarwyd gan ffonodiau
y gwiail wrth i'r ffustwyr nithio'r
grawn oddi wrth yr us
ar y llawr dyrnu.

Clywai'r gronynnau gwenith
yn lân a sych yn ei ddwylo
cyn iddo rawio'r pentwr
i sachau Benjamin Williams.

A chapel Llangloffan dan ei sang,
mewn Cwrdd Diolchgarwch,
ac yntau wedi ei gorlannu
gyda'i fam, gwelai Benjamin
ar ei liniau yn y Sêt Fawr
yn diolch i'w Greawdwr
am ei haelioni blynyddol
a'i ofal tadol dros y weddw a'r amddifad.

Un bore agorodd fy nhaid
ddrws cefn ffermdy Tre-coed;
cerddodd allan i'r glaw,
ac ni ddychwelodd yno wedyn.

Dafydd Llwyd

(1800-1839)

Tylwyth o amaethwyr oedd Siorsiaid
Penfro: Magwrfan; Tresinwen; Tre-coed
oedd eu cartrefi. Carent aceri agored
a heli'r môr yn ireiddio eu porfeydd helaeth.

Tenantiaid bythynnod oedd y Llwydiaid,
a'm hen daid, Dafydd Llwyd, a roes enw
i'm hewyrth. Ef oedd crydd Llanystumdwy,
ond traul y gwrthdaro rhwng ei grefft
a'i grefydd a sugnodd y sudd o'i gorff.

Dywedwyd nad oedd gan neb
well llygaid nag ef mewn bacerdy
i ddethol ei grwyn na chyllell
finiocach wrth dorri a thrin y lledr.

Edrychai ar afon Dwyfor fel yr afon
a oedd am ysgubo i'w tranc yn y môr
y dylanwadau estron a fygythiai,
bryd hynny, barhad yr iaith Gymraeg
a diwylliant plwyf Llanystumdwy.

Gwyddai fel ei gyfoeswr Dewi Wyn
am y dirwasgiad a ddaeth yn sgil
rhyfeloedd Napoleon, ac am y rheidrwydd
i rannu angen un rhwng naw.

Wrth graffu gellir o hyd ddarllen
y geiriau ar ei garreg fedd ym mynwent
Pen-y-Maes: *y gŵr cyfiawn hwn
a gymerwyd megis o ganol drygfyd.*

Fy Ewyrth – Iarll Lloyd George o Ddwyfor

(Bu farw 26 Mawrth, 1945, wedi iddo dderbyn iarllaeth ar argymhelliad y Prif Weinidog Winston Churchill yn Rhagfyr 1944. Bu rhwng dau feddwl a fuasai'n derbyn ai peidio, heb wybod fod afiechyd terfynol, cancr yr iau, arno. Nid oedd yn dioddef poen a chredai fel henwr bregus ei gorff mai derbyn yr anrhydedd oedd yr unig ffordd iddo wneud araith ar delerau yr heddwch ar derfyn y rhyfel.)

Eironig oedd gweld gwerinwr – yn iarll,
    a fu'n herllyd bleidiwr;
    am win hedd y crwm, hen ŵr
    a chwiliai 'nghlog uchelwr.

I'r henwr yr oedd bro'i eni – yn aur,
    yn gyfaredd drwyddi;
    bu'n ei gwarchod rhag tlodi;
    mynnai fedd yn ei hedd hi.

Y maen garw a maen yn goron – yw bedd
    gŵr i'w bobl fu'n wron;
    dyfrliw hardd yw Dwyfor lon,
    anwesa'r bedd yn gyson.

20 Hydref 1912

Sul Diolchgarwch oedd Sul
ein geni yma yng Ngarthcelyn;
ni wn hyd at heddiw p'un ai
fy mrawd Dafydd neu y fi
a roes gri wrthdystiad gyntaf
am orfod gadael croth gysurlon
mam i ddechrau byw yn hyn o fyd.
Wrth longyfarch fy rhieni, cyfeiriodd
fy ewyrth atom fel mewnfudwyr
i fyd dieithr y dyfodol. Nid oedd

Arwyddion blwyddyn ein geni'n
galonogol, a gynnau go iawn,
nid gynnau pren ar gyfer plant,
yn tanio draw yn y Balcanau;
llongau rhyfel llynges Yr Almaen
ar Fôr y Gogledd yn amlhau
a Phrydain am y gorau wrthi'n
adeiladu llongau mwy angheuol.

Perffeithiai gwyddonwyr ddulliau
dieflig i ddyn ladd ei gyd-ddyn.
Roedd crechwen y lloer wrth edrych
ar fyd yn cynhyrfu'r nen, flwyddyn ein geni,
megis, pan ymdreiddiodd sŵn crensian
mynydd iâ yn erbyn y Titanic
i bob cwr o'r cread a champwaith
dynion dan wancus donnau.

6 Awst 1914

Ar ddechrau'r rhyfel diddymwyd
y safon aur, ac yn ei lle pioden o bunt
ddu a gwyn a ddaeth i fodolaeth,
a'i henwi yn bapur punt Bradbury.

Bore tymhestlog ydoedd
pan gyrhaeddodd y post;
pan laniodd y bunt ddeuliw,
fel pioden a gollodd ei ffordd
a'i chwythu i mewn i'n tŷ.

Bore drycinog hefyd; ond
ni chlywodd clustiau mabandod
sŵn y ddrycin o'r cyfandir,
a dyrnau diasgwrn y gwynt, fel
ysbrydion hurt, yn ratlo
ffenestri ein cartref briwedig.

A allasai Canghellor y Trysorlys
newid cyfeiriad y corwynt hwn?
Go brin; neu'r Cyfrin-gyngor efallai?
Choelia'i fawr; roedd yn ddrycin
fel pob drycin – allan o reolaeth ddynol.
Punt gadw-mi-gei oedd hon,
delwedd ddeuliw o ddechreuad
diwedd ymerodraeth, dechreuad
oes a roes ei hyder mewn diarbed ymryson.

Bore drwgargoelus oedd y bore
hwn ddechrau Awst yn Eifionydd –
afonydd a ffrydiau'r fro yn gorlifo
dan bwys lli Awst cyntaf y mis,
pridd o'r ffriddoedd yn gwaedu
i'r llifeiriant cordeddog; y lli'n
disodli tyweirch o'r tyndir a'u bwrw
fel darnau amrwd o gnawd yfory
i bydru mewn ffosydd.

Lladdedigion:
Er Cof am y brodyr Hugh a Hywel Williams

(Fe'u lladdwyd yn Ffrainc, Mehefin a Gorffennaf 1916)

Bob bore Sul ym Merea
fe welaf eu henwau mewn du
ar blac brons, plac y methodd
f'ewyrth ei wynebu, i'w ddadorchuddio.

Bob tro yr agoraf fy albwm,
dau frawd ochr wrth ochr dan
gapiau pig gloywon capteiniaid
a edrycha'n ddifrifol arnaf.

Difrifol, eto'n garedig, a rhyw
hanner gwên ar wyneb y ddau
yn dadlennu eu balchder
o wisgo tiwnigau, bathodynnau
ac epauletau swyddogion
y *Royal Welch Fusiliers*.

Mae'n rhaid mai fel hyn
yr edrychasant arnaf, yn grwt, o sedd flaen
eu teulu yng nghapel Berea, pan droesant
i wynebu'r gynulleidfa wedi'r Fendith.

Heddiw, does gennyf ond brithgo
o ganfod cefnau llydain mewn *khaki*,
a strapiau lledr brown ar ryw hytraws
yn sgleinio o'm blaen heb frycheuyn
o staen mwd y ffosydd arnynt.

Huwcyn, y brawd hŷn, a laddwyd ym Mehefin
wrth ddychwelyd o ymgyrch ar y *Moated Grange*,
ei Gatraeth ef. Gwasgarodd shrapnel ef yn ddarnau
o friwgig ar weirennau pigog i fwydo brain.

Bum wythnos yn ddiweddarach, meddai Cyrnol Camden
wrth filwyr yr oedd Hywel yn gapten arnynt:
Ddynion, dilynwch fi i Goedwig Mametz;
fe ddengys fy ffon a'r hances goch hon
lle y byddaf a gwnewch eich heddwch gyda Duw;
'ddaw amryw ohonom ddim yn ôl.

Y Parchedig Lewis Valentine D.D.

(1893-1986. Cerdd a ddarllenais ar achlysur dadorchuddio
cofeb ym man ei eni, Llanddulas, Awst 6, 1995)

Yn Llanddulas addas heddiw
adeg Eisteddfod yw codi
Cofeb i winllannwr cyfiawn,
dyfal ei ofal a'i aberth ef
dros Gymru ei wlad, ei winllan wen.

Ar ei rawd rhodiodd
o ddolydd tawel Llanddulas
i'r ffrynt gwaedrudd yn Ffrainc.

Yno wrth weini'n gyson
ar gleifion ifainc, glew,
gwelodd warth lladd dynion fel gwartheg.

Wedi iddo fyfyrio fel yr aethant i'r lladdfa,
yn ei bregethau arswydai mor farus ydym,
dewrion o bechaduriaid,
o hil waeth na bwystfilod.

Nid yw llewod, meddai, yn ymosod
ar ei gilydd mewn maes,
gan rwygo'n ddarnau
eu rhywogaeth eu hunain.

Mewn pulpud, y byd a'i boen a wybu ef
ac araf ing ddehongli'r Efengyl,
ond gyda fy mhlant ar yr aelwyd
yn fôr o hiwmor iach. 'Rhew melys,'
meddai wrthynt, 'yw enw y Rhos ar hufen iâ'.

Yn hir ar y llecyn hwn,
gweryd ei fagwraeth,
fe erys Cofeb i bendefig cyfoes –
heddychwr, gwlatgarwr,
gweinidog y Gair.

Wedi'r Sychder Mawr

(Yn ystod y cyfnod y bûm yn gweithio
ar y tir fel heddychwr, Mehefin 1942)

Dwyfach lifeiriol yn farwaidd,
yn byllau merddwr prin-gyswllt
lle bu'r afon barablus, agos-atom,
pan ddyfriem y gwartheg.

Ar ei glan hi, ym Metws Fawr gynt,
mewn sychder fel hyn,
yr erfyniodd Robert ap Gwilym Ddu,
wrth weld ei wartheg yn dioddef,
am addas gawodydd *da wlaw Duw Elias*
i drwytho'r crindir cras.

Wrth i ni gario y Ddôl Isa,
am y ffin â Betws Fawr,
roedd pryfed llwyd yn ein brathu
a'n hymlid hyd ben y das, awr desog,
a'r gwybed yn ein pigo fin nos,
pan dorrem Gae Lleiniau.

Gwelem y rwdins, moron a cheirch
yn wywedig a chlywed ym mêr ein hesgyrn
y pridd fel praidd yn brefu
am y diferion ir
sy'n mwydo pob crindir cras.

Dan y llecyn ar Gae Penbryn,
lle yr ymgynhyrfodd y gainc helygen
yn nwylo Dewin Dŵr Môn.
edrychem i lawr i berfedd y siafft hesb,
lle crafai dau fel tyrchod
am arwydd o ddŵr yn y gro.

Y gorfoledd ddechrau Gorffennaf!

Clywais, lle caed ffynnon,
yng nghrombil Tyddyn Crythor,
glychau dŵr yn canu yn gytûn,
pan ymunodd bwrlwm
dŵr y ffynnon newydd, croywber
a chawodydd o law taranau.

Llai cyhuddgar
oedd clochdar bore
Carlos y ceiliog cyn i lwynog,
a smaliodd fod yn gi defaid,
ei gipio a'i gario yn ei safn tua'r goedwig
o flaen fy llygaid syn a edmygai gamp
y llwynog fel actiwr wrth glosio yn y buarth
at yr ieir a Charlos heb beri cyffro . . .

Mwy hyderus
sibrydion yr awel
wrth ogleisio clustiau'r ŷd.

Wedi trochi yn afon Dwyfach
roeddwn i yn ymlawenhau
fel yr aflan a lanhawyd
yn Ffynnon Gwenffrewi gynt.

Dirgelwch

A minnau'n gweld gwyrddlesni'r egin ir
yn hawlio ei erw o dir
dysgais pan fo'r ŷd liw ysguthan
mai ei groeso yw'r cryman.

Aeddfedrwydd pêr ffrwythau
yw'r gwrid ar wyneb angau.

Oni chwalodd yr Anfeidrol
dŵr Babel y meidrol?

Coron temel hedd Genefa
ydoedd brad Abisina.

A hyd lwybrau coch ein brwydrau ni
ar chwâl mae esgyrn plant di-ri;
er hynny'n gyson syrth yr ŷd
i gynnal bywyd euog fyd.

Gorllewin Iwerddon

(1949)

Treulio'n hirddydd tryloyw
yno a gwylio penrhynion Golwy,
y rhesi mawn a'r meini miniog.

Gwylio gŵr cyhyrog mawnog a mynydd
yn dwyn ei wymon fel cadwyn o emau
o'r culfae i gae a gardd.

Gwylio'r caeau fel dreigiau ar draws
ei gilydd, a gwylio
cyni mawr Connemara.

Ynysoedd Aran! Gorseddau euraid
ar orwel Iwerydd –
Ynys-y-Maen, Ynys Hir, Ynys-y-Môr;
eithr p'run oedd p'run, prin
gweled er gwylio.

Yna hwyrddydd a ddychwelai i Iwerddon
fel pererin i'w gynefin hardd.

Cymru

(Englynion a ddarllenais oddi ar y Maen Llog,
Eisteddfod Genedlaethol Llanrwst, 1951)

Fel anifail anafus – y gorwedd
    ei gweryd caethiwus
  ac anrheithio'r fro ar frys
  yw bwriad lluoedd barus.

Bro ochenaid yw Brycheiniog, – Epynt
    a gipiwyd yn fachog;
  y dwrn dur, nwydau oriog,
  ôl y brad ar le bu'r og.

Aeth gwanc estron danc drwy'r dydd – yn drymach
    ar drumiau Meirionnydd;
  arogli meini mynydd
  a'i rwnc ar yr ŵyn a rydd.

Safn y rheibiwr sy'n farn arni, – gain berl,
    gan barlys heb godi.
  O wyllnos ei musgrellni
  lliaws caeth a'i llusga hi.

Y Llong Oseberg

(Oslo, haf 1974)

Llong atgyfodedig,
a fu'r mil blynyddoedd
rhwng haenau cadwraeth y clai.

Llong hirgul, chwim
y bu breichiau Feicin
yn ei rhwyfo
tua Gorllewin eu dyhead.

Llong firain rheibwyr cyhyrog,
a roes hefyd gomisiwn
a nodded eu cwch
i gerflunydd coed
y naddiadau cain.

Llong a sleifiodd
dros Fôr y Gogledd
fel gwaedd fain i'r nos
ac a droes gyda'r wawr
yn ddychryndod i'w gweld ar y gorwel.

Hon hefyd yw'r llong,
ar ei mordaith olaf
yng ngwyll angau, a wnaed
yn arch enfawr i frenhines
ac a lawnsiwyd
gyda'i gêr i'r Dirgelwch –

a dim ond y pren du, mud
yn dod yn ôl i dir
allan o'r pydew yng ngwely'r môr.

Hon yw'r llong gymen o bren
a drechodd y crafangus bridd.

Giza

Pwy biau'r pyramidiau
a graswyd ar y diffeithdir cringoch
gan filenia o danbeidrwydd yr haul?

Y pyramid enfawr hwn,
Pyramid Mawr Giza,
pwy a'i piau?

Cheops yw'r perchennog,
Cheops a groesodd foroedd yr haul
yn ei long o gedrwydden Libanus
nes cyrraedd y traeth,
lle nad oes amser
na chyfrif o funudau na blynyddoedd,
y traeth nad yw'n ben i unrhyw fordaith
y gwyddom ni amdani.

Y pyramidiau eraill yma:
pwy a'u piau? Maent wedi gwrthsefyll
drwy'r oesoedd stormydd tywod yr anialwch,
ac ar dân y dydd, a nos yn eu hysu.

Y pyramid llai hwn –
pwy a'i piau?
Chefren yw'r perchennog,
Chefren a yrrwyd i ffoi yma rhag ei angau
drwy brynu ei anfarwoldeb â chreiriau aur
mewn bedd diamser, mawreddog,
na phrofodd unrhyw ymyrraeth ond gan ddwylo
yr archaeolegwr a'r ysbeiliwr byw.

Yuri Gagarin

*(Swyddog 27 oed yn Llu Awyr yr Undeb Sofietaidd a rocedwyd
i enwogrwydd byd-eang pan hyrddiwyd ef yn Vostok 1 i gylchu'r
ddaear mewn awr a deugain munud ar Ebrill 12, 1961.
Lladdwyd ef mewn damwain awyren, Mawrth 27, 1968.
Pan glywais y newydd ar y radio, a minnau'n wael ar y pryd,
tybiais mai rhan o freuddwyd oedd y profiad. Yn ôl y chwedl
Roegaidd, ehedodd Icarws yn rhy agos at yr haul, a thoddwyd
y cŵyr a oedd yn gludo'i adenydd wrth ei gorff.)*

Hwn oedd y cyntaf y gwyddom
amdano'n hwylio'n y nenfor –
y môr helaeth, amryliw,
anfesuradwy rhwng seren a seren.

Nid yw Icarws yn gredadwy –
rhan yw ef o freuddwyd bore ein hil
a diflanna 'ngwres yr haul,
fel dwy aden o gŵyr;
yr hyn a wyddom, wedi deffro,
mai hud a lledrith ydoedd . . .

Ond Gagarin a losgodd
ei lwybr i'm hisymwybod,
fel seren wib a welais
yn ffurfafen y nos . . .

Ef oedd y cyntaf gweledig
i dorri cortyn ein pabell bridd,
ac i ddychwelyd o'i antur
at droed y gantri i adrodd hanes
ei weledigaeth wyryfol
o'r cosmos annherfynedig.

Yn ei gragen o ddur ac asbestos
nid oedd nepell rhyngddo ef

ac eneidiau'r meirwon, yn eu llongau rhithlun
yn croesi moroedd canrifoedd
a fu ac a fydd.

Moroedd y gwacter diderfyn
lle nad oes ond llwch sêr
yn eu dyfnder, dyfnder a dry
gyflymdra rocedol yn llonyddwch.

Ond heddiw pan hwyliodd Gagarin
ar ddi-droi'n-ôl daith i'r cosmos,
nid oedd neb a'i gwelodd na'i glywed
yn esgyn i'w orbit, ac nid oedd fflam
a stêm wrth droed y gantri.
Nid oedd gan yr angau angen
yr un roced i'w wthio tua'r nen.

Nid oes neb a ŵyr
ymhle'n y nenfor
y bwriodd ei angor;
fe lewygwn am a wn i
pe glaniai yma, heb ei gragen ddur,
heno i adrodd ei hanes.

Armstrong ac Aldrin ar y Lleuad

(Y ddau gyntaf i lanio ar y lleuad, 20 Gorffennaf, 1969, wedi taith
bedwar diwrnod yn y gofod yn Apolo 2. Y gerdd yw fy ateb i
gwestiwn fy merch fach Louise Gwen wrth i ni wylio'r
telediad hanesyddol – 'Ysbrydion ydyn nhw, Dad?')

Ysbrydion dihangdod dyn,
rhithiau ym mhair
dadeni dyn
ar ris isaf
yr ysgol sy'n esgyn
i anesmwyth drefedigaethau y cosmos.

Cerddwyr y camre cyntaf, petrus
ar y llwybr llaethog;

mae'n rhaid eu bod
yn ymddangos yn feddw gaib
yng ngolwg amddiffynwyr Caer Arianrhod.*

Rhagflaenwyr llwydolau
yr ecsodus
i anialwch y gofod

pan fo'n byd
ar fedr disgyn –
fel colsyn
a aeth yn rhy boeth
i undyn ei ddal –

i lawr siafft
hen waith plwm
y Cread.

* Caer Arianrhod: y llwybr llaethog.

43

Dadeni

(Addasiad o'r bryddest a ddyfarnwyd yn ail-orau
yn Eisteddfod Genedlaethol Hwlffordd, 1972)

Er gwaethaf y chwilen o'r dom
yn lledaenu'r pla du marwol
yng nghanol heolydd
Fflorens y Dadeni, ei hartistiaid
a wreiddiodd yno brennau
y gwanwyn dilychwin.

Fflorens: priodasferch yr heulwen!
Dotiais arni un diwrnod yn diosg ei swildod
ac yn syllu'n freuddwydiol
ar fwa ei llunieidd-dra
yn nrych arafwch afon Arno.

Wrth gerdded dros y Ponte Vecchio
rhwng bythod gwerthu
artistri eilradd i'r twristiaid aml-genhedlig,
a Thŵr Babel o leisiau cystadleuol, aflafar,
cerddais ymlaen i fyny'r bryn
hyd at y gerddi Boboli.

Eisteddais yno dan gypreswydden
i wrando ar simffoni bensaernïol
ddyrchafol dinas y Dadeni.
Roedd cerddorfa'r adeiladau
yn datgan cân sy'n gwreiddio yn y cof
mewn gorfoledd ac yn dathlu gwyrth
anwadadwy bodolaeth y ddinas.
Datgenir cordiau eira
Marmor Carrara,
a chordiau trymach
meini machludliw Prato.

Cyd-seiniodd y crythau dinesig
mewn thema addolgar uwch
Ciwpola y Duomo, lle'r ymddyrchafai
Campanile Giotto yn esgynfa loyw
o nodau y ffliwt i'r entrychion.

I'm dwyn yn ôl o'r seithfed nef
fe glywais seiniau dyfnion
yr Hen Destament
yn neng utgorn pres
Lorenzo Ghiberti;
hoeliwyd fy sylw
ar ei borth Paradwys
yn hoff eglwys Dante –
il mio bel san Giovanni,
lle y bu ef ar ei liniau.

*   *   *

Yn orielau Uffizi
roedd darlun Botticelli
o'r seren dduwies Gwener
yn ei disgleirdeb newydd-godi
o'r Môr Canoldir.

Ar drawiad llygad yn Fflorens
fe welwn yr harddwch
a fu gynt ynghudd dan donnau,
ac yn llawn dwf ei dwyfron
y perl cyntaf i ddryllio
cyfyngiad cragen yr wystrysen
wedi gwyrth y cysefin orgasm
ar wely emrallt eigion môr,
gwyrth y gwreiddyn a'r hedyn,
gwyrth amlhau pobl y byd
a gwyrth yr heigiau wrth eu rhywogaeth.

Yr Helwyr yn yr Eira (Jäger im Schnee) Pieter Bruegel.
(Gyda chaniatâd Kunsthistorisches Museum, Wien oder KHM, Wien).

Cymru Heddiw

Mae penglog ein Llyw Olaf y gwanwyn hwn,
a gladdwyd y Rhagfyr rheibus hwnnw
mewn ceubwll dan y llwydrew
rywle yng nghyffiniu Tŵr Llundain,
yn dechrau bwrw egin
ym maes y dref wen ym mron y coed,
ein tref wen mewn dyffryn cudd,
ein tref wen ym mhellter eithaf y cof,
ein tref wen yma yng Nghymru,
gwlad yn llifo o gyffuriau i wella pob pla,
ond pla cancr ein dihidrwydd
sy'n erydu'r ffin rhyngom a'n gorffennol.

I'r dihiraeth, y difater a'r taeog
trugarog, gor-drugarog efallai,
yw'r gwyll llugoer dros ein llygaid
a'n ceidw rhag gweld y benglog yn syllu arnom;
a thrugarog yw'r gwêr cyfoes sy'n selio ein clustiau
rhag clywed cri torcalon Gwenllian
yng nghoridorau alltud lleiandy Sempringham;
a rhag clywed di-daw wylofain
rhyw Ddinogad bach ym mha wlad bynnag y bo,
pan ffaelodd ei dad â dychwelyd o faes y drin,
fel y gwnâi gynt o faes yr helfa â cheinach
y wledd dros ei ysgwydd.

Gwyliwn; ni bu'r un dref wen erioed
heb i eryr Pengwern uwchben
ledu ei adenydd, estyn ei grafangau,
yn eiddig am gig y gwan, y ffoadur oddi wrth y Ffydd
a'r difater heb ddarllen arwyddion yr amseroedd.

Y Cynulliad Cenedlaethol

(Agorwyd gan y Frenhines, 26 Mai, 1999)

Yn yr hinsawdd gymylog sydd ohoni
onid gwyrth oedd i'r gwenyn godi o gwbwl,
heb sôn am un haid fechan
a ddilynodd eu brenhines
i'r cwch yng Nghaerdydd?

Cwch newydd, bregus a wnaed o hen bren,
segment o dderwen Machynlleth.
Pe bai Glyndŵr yn dod o'i guddfa,
byddai'n anodd iddo dynnu mêl o'r cwch hwn,
ond ei bleser mawr fuasai blasu'r mêl.

Haid lawn hyder, niferus
a heidiodd uwch cwch mawr San Steffan
cyn i'r gwenyn, dros liain porffor,
yn ffrwd gref, lifo i gwch
ar rediad i Gaeredin.

Er gwaethaf gwenyn gormes
mae gwenyn Cymru bellach
mewn celloedd cyfyng,
celloedd chweonglog, gwerog
o wead gwenyn mêl
a fu farw uwch eu gwaith.

Nythai'r gwenyn yn y coed
yn nyddiau Dewi Sant,
dyddiau'r gwyrthiau gynt.
Rhyfedd iawn, yn ei olwg ef,
fuasai cwch gwenyn Caerdydd,
a'i hanner heb fframiau
i gostrelu'r paill a'r dafnau mêl.

Serch mai haid fechan
sydd yng nghwch bach Caerdydd,
boed i'r mêl yn ei flas ymdebygu
i fêl y crwybr aur a dynnodd Dewi
o'r hollt ym môn derwen,
mêl doethineb sy'n bwydo'r meddwl,
yn un o'r tair rhodd nefol iddo.
Ni thynnir y mêl hwn o'r pren
heb gawodydd o bigiadau.

Tân

(Addasiad o bryddest y Goron yn Eisteddfod Genedlaethol Caerfyrddin,
1974. Thema'r bryddest yw'r chwedl Roegaidd am Bromethews yn dwyn
marworyn o'r tân creadigol oddi ar y duwiau a'i drosglwyddo i'r hil
ddynol. Yn gosb am ei weithred rhwymwyd Promethews wrth glogwyn
uchel ac anfonwyd eryr i ymosod arno a bwyta ei iau.)

Dyn a Phromethews, Promethews a dyn;
cyd-gyfarfyddiad, cyd-ymdreiddiad
ar garreg o gwmwl rywle rhwng nef a daear.

Promethews a'i gorff yng nghyffion
hir gaethiwed yr hil ddynol am herio'r duwiau
ac am arwain dyn
at darddle y tân cuddiedig,
ffynhonnell y celfyddydau.

Pan adawodd dyn lan ei lyn eang, roedd gwynt y dwyrain
yn dolefain drwy'r brwyn a'r corsydd,
a'r cymylau'n casglu'n gaddug dros y mynydd.

Gyda ffagl Promethews yn llachar yn ei law
fe gerddai dyn bellach lwybrau'r sêr yn y gofod,
ei fflam wyrthiol yn llosgi lle
nad oedd gwynt yn chwythu i'w diffodd.

Ei nefoedd oedd y gofod; oddi yno gwelodd
ei ddaearen yn belen o wawr bur.

Pan ddychwelodd i'w ddaear
ni welodd dyn y sêr yn syrthio fel dail
ond fe welodd y dinistr deiliog
pan newidiai'r haf ei liw a'r rhedyn
ar lethr yn gwaedu dan sawdl yr Hydref.

Gwelodd ylfin eryr Pengwern yn goch
wedi gwledda ar waed gwŷr

a gweld gyda Heledd
lys Pengwern yn wenfflam.

Calanmai ydoedd dyn,
pan gerddai gyda'r duwiau,
ond ar yr aelwyd hon heno
Calangaeaf yw dyn
yn cofio'r gawod wreichion
a ddifrododd yr aelwyd.

Hen Galangaeaf gwargrwm
yn gweld Calanmai a'i gymrodyr
o flaen Catraeth yn ffraeth eu llu;
ac yn eu clywed yn canu'n iach i Bicadili
ac yn canu'n siriol ar heolydd
wrth orymdeithio tua Fflandrys
ac arswyd yr anialdir corsiog,
a'r tân a ddychlamai
o ffos i ffos fawlyd –

lladdedigion oll ond Calanmai ei hun
yn enw y brenin balch ar y morfa pell,
a'u cysgodion yn dychwelyd,
gan ymlithro drwy'r tarth
a'r hesg ar lan y llyn eang llwyd.

Mae 'na ryw asgwrn ymysg esgyrn pob Cymro
a ddeifiwyd gan wres fflam y gorthrymwr.

Yn yr awr ddistawaf cyn y wawr,
pan fo dŵr y llyn
fel llen o ddur rhwng yr hesg
a sawr ein brodyr

a losgwyd gan y gelyn
yn ymdroi yn ein ffroenau,

a'r dorf yn ddifater,
daw rhyw ddwrn
i guro ar draws ein tŷ unig
a'n gwysio drachefn
i warchod y ffin a ddrylliwyd
drwy gynnau'r tân puredig
a lysg yn y galon,
dros gadw'r dreftadaeth a'r iaith
yn ddiogel i'r genhedlaeth a ddêl.

Galeria Borghese, Rhufain

Gwelais yno ddarlun y llanc ifanc
gan Caravaggio, a llond basged
o ffrwythau haf rhwng ei freichiau,
ac yn yr un man roedd ei ddarlun
o San Giroiamo i'w weld mewn cyferbyniad
a'r hynafgwr yn troi'i lygaid heibio
y benglog a syllai arno
dros ymyl y bwrdd, a meddyliais
am benglog ddrylliedig
ein Llyw Olaf yn y Rhagfyr cynnar hwnnw
yn arddangosfa ein gwendid yn Llundain
a chyn lleied y syllasom arno
wrth i'r benglog edrych arnom
uwch llyfrau ein gwendid o hyd.

Wrth i mi synfyfyrio gerbron darluniau'r
fasged o ffrwythau haf, yr hynafgwr a'r benglog,
mi gofiais am ambell Gymro ifanc heddiw
sy'n cynnig i ni ffrwyth ei ieuenctid,
ac mi gofiais i Botticelli yntau sobreiddio
yn ddirfawr erbyn y dydd hwnnw pan losgwyd
Savonarola yn ei gwfl du a gwyn wrth stanc;

am iddo herio awdurdod traha hyd yr eithaf
ac iddo ddarlunio ei adwaith
i'r farwolaeth frawychus
yn ei *Ddameg Damnedigaeth*,
a ddengys deyrn ar orsedd barn a dwy glust asyn
ganddo, yn fyddar i'r waedd o'r doc
pan lusgir y llanc ifanc
gan y ceidwaid o'i bresenoldeb.

Ymson mewn Trên

Calangaeaf a oroesodd y tân,
y tân yn y tir ddechrau taith,
Calangaeaf yn y trên bump y p'nawn,
ar ffo yn y trên ar draws Môn,
a gweld yr haul yn machlud yn waedrudd
ar binaclau Eryri dros y Fenai.

Calangaeaf, hen aderyn diadenydd
yn methu â hedfan tu draw i'r machlud;
bu ganddo adenydd unwaith,
pan gerddai Calanmai ei waed,
ond fe'u toddwyd gan wres hafddydd tesog,
fel adenydd cŵyr Icarws gynt.

A'r trên yn ei ysgytio
ac yntau'n hepian,
fe glywodd sioc y daeargrynfâu
a ddrylliodd yr henfyd a chwalu,
fel pob dacargryn, sylfeini cartrefi.

Gwelodd dafodau tân yn ymglymu
am y meini cringoch ym Micenai,
pan gladdodd Clytymnestra nwydus
lafn ei dagr yng nghalon ei gŵr;
dinistr, brad o'r dechreuad.

Calangaeaf ar ffo yn y trên
i gyfeiriad y terfynol fôr –
carthwr cyrff chwyddedig y meirwon.

Calangaeaf ar ffo yn y trên
rhag ei dynged ef ei hun
a'r caeau gweigion o'i bobtu'n sefyll yn stond
wrth aros yn ddisgwylgar
am yr hwyrnos dawel.

Tynnodd rhyw law
ym mhellter y tir distaw
len dros ffenestr betryal
cegin y tyddyn unig;
gwelodd Calangaeaf y golau coch
a dreiddiai o'r ffenestr i'r gwyll
yn llosgi gweddillion ei ddydd.

Ar y ffordd haearn
nid ymglywai neb ond Calangaeaf
â phlyciadau gwrthdystiad y goleuni gwan
dan erledigaeth y gwyll,
plyciadau yng ngwead ei nerfau,
fel plyciadau lleden
ar ei thor ar lawr distaw y môr,
pan lynco abwyd a bachyn
y pysgotwr uwch ei phen.

Uwch ei ben ef
roedd hen wrach o gwmwl
yn carcharu pelydrau olaf ei ddydd,
ac yn sŵn olwynion y trên
clywodd gliciedau celloedd yn cau
am y tro olaf cyn hirnos.

Yn y gwyll haearnaidd hwn
cipiodd Promethews
farworyn o'r cyneuedig dân
ac â phwyntil fflam wyryfol
taenodd ysblander o gnawd
a chroen pefriog, rhos ei liw
dros esgyrn y wrach gwmwl.

Rhwng dau olau tybiodd Calangaeaf
mai duwies oedd y cwmwl gwrach
ac â thresi ei dyhead ar fedr ei gofleidio.

Synhwyrodd Calangaeaf
mai'r gwres puredig o'r nen
a ryddhaodd waed Calanmai
i rasio drwy ei wythiennau.

Roedd ei feddyliau'n blu gweunydd;
roedd ei law yn awchus i droi
bys cloc y gofod
fil, ddwy fil neu fwy
o flynyddoedd yn ôl;
roedd ei draed am gerdded
heolydd cerrig Pompei
cyn i'r afon lafa ei gorchuddio.

Roedd ei lygaid am weled
yr eneth ifanc luniaidd
yn codi'n fyw o'i gorweddfainc
mewn amgueddfa ac yn symud
torthau golosg wrth ei hochr,
torthau a graswyd fel hithau,
pan droes Feswfiws ei dinas
yn un ffwrn fawr.

Roedd ei lygaid rhychwantus
am garthu heolydd o'u marwydos
ym Mhompei, ym Mhengwern,
ac yn ailagor o ganrif i ganrif
i weld trwmgwsg maen Pompei
a llonyddwch carreg Cymru.

Fe ŵyr Calangaeaf bellach
mai allan o groth gleisiedig y machlud
y daw dadeni ei wlad;
hyfryted ganddo yw clywed
su gawodydd ir y gwanwyn ar ddoldir
a gweld goddaith ar sych lethr
yn serio gwreiddyn yr hen orthrwm.

Jan Palach

(Myfyriwr Tsiecaidd ydoedd a roes ei gorff ar dân ar goedd yn ninas Prâg ar Ionawr 16, 1969, i wrthdystio yn erbyn y bygythiad i annibyniaeth Tsiecoslofacia gan Rwsia Sofietaidd.)

Nid mewn teipsgript,
nid â'i feiro
y croniclodd ef ei gerdd;
nid â gwaed calon atgof
ar bapur glân
y lluniodd ef ei linellau.

Cyflwynodd farwnad
o'i gnawd a'i esgyrn ugeinmlwydd
dan eneiniad petrol;
gwawr ddu oedd i'w gerdd ef
ac fe'i llofnododd ar goncrit
gan ei ludw llosg ef ei hun.

Pan chwytho awelon rhyddid
o beithdiroedd Rwsia
tua Tsiecoslofacia
fe welir
y pentwr marwydos hwn,
sy'n mud-losgi
yng nghalon ei genedl,
yn dadeni yn fflam
frawychus o ddisglair
eilwaith
yn Sgwâr Wenseslas.

Martin Luther King

(Gweinidog gyda'r Bedyddwyr. Arweinydd huawdl, byd-enwog
a di-drais y mudiad dros iawnderau sifil dinasyddion du a difreintiedig.
Pan laddwyd ef yn Memphis, 4 Ebrill, 1968, roedd yn 39 oed;
dyfarnwyd iddo Wobr Nobel am Heddwch ym 1964 ac yntau ond yn 35.)

Ni all gwyntoedd ac ystormydd dinistriol
yr ugeinfed ganrif fyth ryddhau briwgig
gweddillion milwyr sy'n pydru'n ei chof
ac yn glynu wrth ei gwifrau pigog.

Ni allent ychwaith garthu o'n cof
tylwythol fel y cadwodd y dyn gwyn
y dyn du dan hatshus y llongau coffin.

Wedi hanner nos y ganrif fe welwyd
seren newydd yn y ffurfafen,
seren bybyr, ddisglair; a'i goleuni
glân a oleuodd galonnau,
y galon wen a'r galon ddu gyda'i gilydd
ac ar aelwyd gwelwyd
mai'r un lliw â lliw coch
yw lliw ein gwaed,
bawb ohonom yn ddiwahân.

Hanner Canrif Wedi'r Cadoediad

(Tachwedd 11, 1968)

Piau'r beddau ym Modelwyddan,
y beddau rhwng yr eglwys a'r lôn bost,
beddau unffurf yr angau militaraidd,
rhestredig ar gerrig rhad
ac ar groesau heyrn,
beddau prennau ir y goedwig?

Cerfiedig yw'r rhif ar bob un
o feddau Bodelwyddan
a llwch y rhif dan faen a chroes.

Y bedd hwn – pwy a'i piau?
Y groes hon neu'r garreg acw?
Ai milwr gwrthryfelgar,
rhyw derfysgwr o Ganada
a gadwyd yng Nghinmel wedi'r cadoediad
a'i saethu yn fiwtinîr?

Y bedd hwn – nes at borth yr eglwys –
pwy a'i piau – mae cen y cerrig
yn cuddio'r rhif?
A syrthiodd ei berchen
i'w gell dan fflangell y ffliw
a ddisgynnodd ar gefn y gwersyll?

Sawl gwawr addawol, sawl llanc dywedwst
yn rhwym wrth bostyn a mwgwd dros ei lygaid
a ddrylliwyd gan sydyn ergyd
yr eithaf cosb yma'n Bodelwyddan?
Pa lwch sydd yma ar chwâl,
llwch a fu'n llanciau rhydd
cyn eu rhoi dan gaeadau eirch?

Heddiw ar feddau Bodelwyddan
yn aros eu tro i'w trawsnewid
dygn yw dawns y lladdedigion dail.
Fe'u cadwyd hwy tan Glangaeaf
cyn eu cwymp o'r coed.

Sarajevo

*(Wrth hedfan i Ynys Cyprus yn Hydref 1986 clywais ein bod uwchben
Sarajevo, lle llofruddiwyd yr arch-ddug Franz Ferdinand, etifedd coron
Franz Joseph, ymerawdwr Awstria, ar 28 Mehefin, 1914.
Y digwyddiad hwn a arweiniodd at ryfel 1914-1918.)*

A minnau'n hanner hepian
yn yr uchelderau
rywle rhwng Heathrow a Lanarca
    'Sarajevo'
meddai'r llais di-lol dros yr Intercom,
ond gair oedd yn fy nghyffroi,
enw sy'n nodi
llencyndod gwaedrudd yr ugeinfed ganrif.

A mynydd-dir ysgithrog y Balcanau
ar daen danaf,
Sarajevo oedd y maen
a ddechreuodd rowlio yn rhydd
a llithro i lawr llethrau
blynyddoedd anwar y ganrif
gan fwrw min ei fraw
i mewn i'm hymennydd.

Hel enwau a lleoedd eraill ato
a wnaeth Sarajevo
yn ei lithriad gwyllt i lawr llethr y ganrif:
Mons, Hedd Wyn, y Gadair Ddu,
Ypres, Hiroshima, Buchenwald,
Kennedy a Martin Luther King –
Lockerbie ddoe a Bethlehem heddiw,
y Nadolig hwn.

Cwm Tryweryn

1963

Cwm rhad y Cymry ydoedd,
ac ar werth i Loegr yr oedd.
Digynnwrf, er bod genau
trwm ar y cwm wedi cau,
yw'r byd, er bod pentre' bach,
yn bwll anobaith bellach.

Y Wal eang, liw ewyn,
saif yn glo ar safn y glyn;
rheibwyr cryfion fu'n cronni
golud a nerth ein gwlad ni,
rhoi cledd yn nannedd y nant
a rhwymyn am ei rhamant.

Anadliad aml genhedlaeth
i'w droi'n wâr a'i drin a aeth;
gwaedai gŵr i godi gwal
a'i rhoi am gac petryal;
ei fawredd oedd llafurio
hen dir brwnt yn geinder bro.

Ger eu cysegr y cwysi –
hen oes yn ei deall hi!
Trwm fu sang Beili'r angau,
a'i wŷs front i'w heinioes frau;
yn y llan dan goncrit llwyd,
eu hesgyrn yno wasgwyd.

Y gweunydd lle'r eginai
ŷd yr haf sy'n draeth ar drai;
nant dirf dan fintai arfog,
llafnau rhaib lle llyfnai'r og

a'r cneifwyr o'u cynefin
draw a droes yn fud o'r drin.

Y ffermwyr moel diffarmwr,
y gwelw dai'n disgwyl y dŵr;
bydd pentref Capel Celyn
yn y llaid ar waelod llyn;
a mawredd y camwri
ddeffroes o'i hun ein hoes ni.

Y Tarw Bach a Chymru

Tarw bach tlws oedd-o, o Andalusia,
yno o'm blaen yn *corrida*
Plaza de Toros, cronfa waed Ysbaenwyr
ac ymladdwyr addurnedig y teirw.

Welsoch chi, glywsoch chi nhw'n dylifo
yno o'r ddinas, fel y llam lli Awst
dros argae a tharanu i'r trobwll?

Anorthrech dynfa'r gwaed a'm daliodd;
fe'm cipiwyd o fin palmant i'r llifeiriant,
yn un o dorf fonllefgar teirw-garwyr
afieithus, cyntefig, llawn cyffro;
yn un o gwmwl tystion a hyrddiwyd
y tu mewn i'r muriau cochliw, uchel
a chrawcian y brain i'w glywed uwchben.

Yn y cylch isod o dywod crimp
yr oedd dau ofn y matador,
ofn cael ei ysbaddu ac ofn marw,
ei waed ar dywod, mudandod y dorf,
meddyg mewn gwyn a'i efel fain
yn yr archoll lle bu'r cyrn ffyrnig.

Ond heddiw *Fiesta*; lli'r cwrw a'r coca-cola,
y baneri'n cyhwfan uwch y tyrau
a'r merched yn chwifio hancesi gwynion
yn arwydd methiant rhyw brentis o fatador.

Yna agor y llidiart eto a gollwng drwy'r cylchbren
darw bach du, pert, tebyg i darw Cymreig,
ar ruthr allan o dwnel tywyll,
i'w ddallu ennyd gan yr haul a'r llwch.

Y dorf yn chwerthin a chael hwyl
wrth ei weld mewn nerth a hoen
yn ymbrancio a thwlcio pêl ledr –
mor chwareus ag un o'm plant
yn cicio ffwtbol ar y lawnt;
yna'n rhuthro am y cadach coch
cyn cornio'r bwlch lle bu!

Roedd llygaid pawb wedi eu hoelio ar y tarw;
yn ei ddawns mor ddiniwed ag oen mewn cae,
a'r matador fel llwynog castiog, yn llonydd,
yn edrych dros y cylchbren a'i lygaid yn pefrio.

Wedi deng munud o sbort, dim un munud mwy,
mi welwn ddraenen angau'r tarw bach
ar flaen picell rubanog y matador.

Am firi a hwyl hyd farwolaeth
aeth y gri o grombil y dorf,
gan alw ar y matador profiadol.
Mateo Segura: '*Muerte, muerte!*'
oedd eu llef, ac yr oeddynt fel un gŵr
yn llefain yno'n y Plaza.

Pan gladdodd *Mateo Segura* y llafn
yng ngwar drylliedig y tarw bach
mi welwn mor debyg i Gymru oedd –
wedi'i fradychu, ei waedu a'i wawdio;
mi welwn yno'r corff llonydd
a'i waed ar femrwn melyn y tywod.

Onid felly y trywenir trwy einioes
bob diamddiffyn gnawd dan haul?

Warsaw

*(Medi 1976; i Meic Stephens am iddo drefnu i Bryan Martin Davies
a minnau fynd i Gynhadledd Ryngwladol ar farddoniaeth yno.)*

Wedi glanio, yno'n yr Awyrborth,
meddai'n gwarchodwr a lynodd wrthym
drwy gydol ein hymweliad: *fel beirdd,
gwnewch y gorau o aur ein Hydref,
yr unig aur a feddwn yma yn Warsaw*;
ond, chwarae teg, fe roddodd gildwrn
o *zloties* i ni a gofyn a oedd gennym
ddoleri, arian y Farchnad Ddu.

Dyna paham, meddai, does dim
cig yn siopau'r cigydd
a'r archfarchnad yn fyr o fara
beunyddiol. A ninnau rhwng stondinau
yr Hen Farchnad, roedd blodau haul bwytadwy
yn pefrio ar fyrddau i'w prynu â *zloties*,
gyda'r gellyg a'r afalau.

Ymestynnai cysgod yr hwyr
dros ochr draw y Sgwâr,
a ninnau am ryw hyd
yn dal ein tir ar yr ochr heulog
a gwelwn hen dduwiau y Pwyliaid –
Bailobog, y duw gwyn,
a Chernobog, duw y cysgodion,
yn ymryson fel erioed.

Dinasyddion trawiadol drist eu trem
a groesai'r ffin o'r heulwen hwyrol
i ochr dywyll yr hen Sgwâr
a adferwyd faen wrth faen rhifedig
o rwbel y rhyfeloedd.

Gwledd yn Warsaw

Ni chododd y llen haearn
hyd yn oed ar ein noson olaf yno,
pan wahoddodd Maer Warsaw
y beirdd i wledd a chydgyfarfod
am y tro cyntaf gyda'i gilydd.

Dewch, meddai'r Maer,
bwytewch ein danteithion,
yfwch ein gwin a'n fodca
hyd nes y gwelwch
siandelerau y neuadd
yn tasgu, fel pigau'r sêr,
ar noswaith o farrug.

Y carchar oedd pris gwladgarwch
yno i'r docwyr a wrthododd
lwytho llong i allforio grawn
o Bwyl i Rwsia, a'u cysgodion
hwy a eisteddai gyda'r beirdd
wrth y byrddau.

Gwenallt

(1899-1968)

Rhoddwyd David James Jones
yn enwau arno, ond gelwid ef
yn Gwenallt gan bawb; roedd
Gwenallt y bardd wedi disodli
ei enwau bedydd. Od iawn fuasai
ei alw yn Mr ac wedyn
yn Doctor D. James Jones.

Dywedodd Gwenallt wrthyf
ar ei wyliau haf olaf,
flwyddyn ei farwolaeth,
mai gwell oedd bod yn ddyn byw
nag yn ddyn dan gaead arch.

Pan ddywedodd hyn
ar lan llyn yn Awstria,
ychydig a feddyliwn y buasai Gwenallt,
cyn diwedd y flwyddyn honno,
yn ddarlun arall yn oriel y cof.

Gŵr a oedd yn arian byw o'i wreiddyn:
y wên chwareus a'r chwarddiad ysgytiol,
ei gerddediad ysgafndroed, sicr;
ei lygaid treiddgar yn ymateb
i awelon meddyliau
a'r geiriau gwaywffyn i amddiffyn
ei Grist, ei genedl a'i gred;
ei lais hudolus, caredig
yn cytuno neu yn anghytuno
o ddyfnder argyhoeddiad.

Bydd ei gerddi parhaol
â grym eu harfogaeth gref

yn eu cadw rhag tranc
y grafanc yn y gro.

Gwn i'r bardd bywiol hwn, a aned
mewn dydd o gyni, yn gydwybod i'w genedl
ac yn daer ei wyliadwriaeth drosti,
weled craig mewn afon yn Awstria,
ac fe hoeliwyd ei holl sylw
yn syllu ar y Groes a oedd ar y graig hon.

Aneurin Jones

(Wedi gweld enghreifftiau o'i waith)

Nid llun allanol yn unig,
nid gwisgoedd – dwg esgyrn,
mêr y cymeriad,
ysgogiad, symudiad a mwy
yn weddaidd i lonyddwch
a rhwyd ei bortreadau.

Y Bonwr Gwilym Humphreys

*(Cyn-gyfarwyddwr Addysg Cyngor Sir Gwynedd. Un o Gymrodyr a
chyn-Lywydd yr Eisteddfod Genedlaethol. Darllenais y gerdd ym
Mhwyllgor Addysg olaf y Cyfarwyddwr Addysg, 7 Gorffennaf, 1994.
Cyfeiriad yw'r 'chwalfa dwp' at ddilead buan y Cyngor ym mhroses ad-
drefnu llywodraeth leol yng Nghymru, mesur a wrthwynebwyd yn gryf
gan arbenigwyr fel y diweddar Ioan Bowen Rees, ond a gafodd
gefnogaeth pob plaid wleidyddol yng Nghymru ar waetha'r ffaith
i'r Llywodraeth sefydlu Comisiwn i Loegr ond ei gwrthod
i Gymru cyn gweithredu'r mesur.)*

'Aredig dysgedig yw',
yn enwedig aredig pob erw
o dyndir gwastadedd Môn,
penrhynion beilchion Aberconwy,
lleiniau caregog Arfon,
rhandiroedd tirion Meirionnydd
a dolydd dihafal Dwyfor.

Rhoddai ein Cyfarwyddwr
yn hael o'i ynni a'i egnïon
ac yn ddiymarbed wrth aredig
y meysydd amrywiol hyn
a oedd yn un Wynedd.

Am ddeuddeng mlynedd
roedd ei ddwylo'n gadarn
ar gyrn yr aradr
a swch y polisi iaith
yn asio'r cwysi'n gyson
ym mhob rhanbarth o Wynedd,
o dalar i dalar deg,
cyn dydd difrod y chwalfa dwp.

Nid gŵr un aradr
yw'n Cyfarwyddwr amryddawn;
Awst aeddfed a'r Eisteddfod
a ddaw yn ei ddydd,
a diau fe'i gwelir ef eto,
yr un gŵr yno a'i ddwylo
yn gadarn ar gyrn aradr arall.

Dafydd Orwig (1928-1996)

(Cyfaill a chyd-aelod ar Gyngor Gwynedd; cyn-Gadeirydd Cyngor Llyfrau Cymru a Phwyllgor Addysg Cyngor Gwynedd.)

Mae arwyddion ei ymroddiad – a'u twf
Drwy'r tir; ymgysegriad;
I Wynedd ei ymlyniad –
Arloeswr, heuwr yr had.

Dun Aengus

(Caer gyn-hanes, ynysoedd Aran, Iwerddon. I gofio cyd-deithio gydag Euros Bowen, fel aelodau o'r Orsedd, yn Iwerddon, Awst 1975.)

Hen gaer, yn ddychryndod i gyd;
crair cerrig oes y cewri
a erys ar ynysoedd Aran.

Y meini danheddog, miniog
â'u golwg i ddarbwyllo gelyn
awchus, ar fedr cychwyn
cyrch i beidio â dringo dros
gerrig aruthr tua'r gaer,
yn nhymor brath y muriau brwnt.

Pwy, tybed, a arlwyodd
dyrrau y Foel a'i braster o faen
i warchod y cynddyn rhag y gelyn ac alaeth
gyda'i fuches lwyd yn ei loches lem?

Does neb, neb, meddan nhw, a ŵyr;
cilia hon rhag i undyn ei chroniclo hi,
hŷn yw na hanes.

Ac Awst teg yn peri gosteg
ar fôr Iwerydd gwastad,
edrychaf o grib y gaer dros y dibyn
a gweld rhedynwe'r gwynt
ar y swnt las islaw, fel y swnt
lle mordwyodd Odisews.
Ar hagr erw y gaer hon
ni thyfodd erioed goeden
â nerth mast i'm rhwymo wrthi.

Daw dwsmel swyngyfareddol awelon
â'u melodi heibio im ar ymyl y dibyn.
Yn yr unigedd, o'r braidd, fe'm cyfareddir
i roi pen ar raib byd
a neidio ganllath isod i genllif
ar daen danaf, fel maen mynor.

Cynan

(Ar achlysur dathlu canmlwyddiant geni Cynan
gan Orsedd y Beirdd, 1995)

Anfonwn ef ganrif yn ôl,
yn ôl i'w hen aelwyd,
had-wely hudolus
lle tarddodd,
lle'r eginodd
yn Llŷn gynt
ei heulog bersonoliaeth.

Yn llywydd nosweithiau llawen,
gyda Bob Owen bywiog,
ar aelwydydd y Stumllyn,
Dynana a Phlas Brondanw,
wrth adrodd ei gerddi
tywynnai fel seren
yn negawd y tywyll dridegau.

Â gorlif o ddŵr
Ffynnon Felin Bach
y mynnai ef
lenwi holl biseri'r byd.

O Wynfa Goll!

Yr Arlywydd Siôr Bush

*'Enw yr afon gyntaf yw Pison: hon sy'n amgylchu holl wlad Hafila lle y
ceir aur ac y mae aur y wlad honno'n dda'. (Genesis 2:11, 12)*

A thithau'n hyddysg yn yr ysgrythurau,
wrth reswm, gwyddost am Hafila gynt
ac Irác heddiw, lle y ceir olew;
ac y mae olew y wlad honno'n dda.

Bush, gwn beth o'th hanes
cyn y bleidlais amheus honno
a agorodd iti ddrws y Tŷ Gwyn.

Bush, pan oeddet yn giaffar,
pen cowboi Texas,
nid arbedaist einioes
yr un o'r cant a mwy carcharor
a fu'n llusgo byw am ddegawd
o ingoedd yn Rhes yr Angau . . .

nid hyd yn oed –
dan friw edifeiriol ei chaethiwed –
un a ailanwyd yn Gristion,
a wynebodd drwy'r sgrin wydr
deulu'r llofruddiedig,
cyn y pigiad gwenwyn
ac erfyn am faddeuant.

Bush, y chdi, neb arall,
a chwistrellodd i'w gwythiennau
y coctel marwol,
y gwenwyn boreddydd a'i llonyddodd,
yn union fel y disgynnodd dy fomiau
ar farchnadoedd Irác.

Bush, er mor daer dy ddyddiol baderau,
er mor selog wyt ar y Suliau,
yr wyt heb dosturi;
ac un peth arall, Bush –
'fedra i ddim dioddef
y wên ar dy wyneb.

Sarff

Wyddwn i fawr am seirff
dim ond darllen am sarff Gardd Eden,
a'r elyniaeth hyd angau a ddedfrydwyd rhyngom.

Darllenais hefyd hanes
y seirff môr a ymddolennodd
am Laocôn gynt a'i wasgu mor dynn
nes darfod amdano.

Yn achlysurol yn yr haf gwelwn
ambell neidr ddafad ddof
neu wiber frown, fechan wrth wrych
a giliai ar wib o'm golwg.

Ond ni ddaeth dim o hyn i'm cof,
a minnau'n mwynhau anadlu sawr hwyrddydd haf,
pan wynebais hi mewn ofn
am y tro cyntaf erioed.

Welais i erioed wiber mor anferth â hon yn Eifionydd,
sarff a ymlusgodd ar ei thor trwy ryw dwll tywyll, cuddiedig
o dan y gwrych, allan o'i theyrnas danddaearol
i befrio'n y goleuni hwyrol ar wyrdd y cwrs golff,
sarff a oedd am ddal ei thir ar draws fy llwybr.

Bu bron i mi faglu drosti,
roedd hi'n fawreddog fel tywysoges
a'i diemwntau danheddog, duon
yn tasgu ar ei gwisg hirfain, gynnes.
Ofnais ei brath fforchog, angheuol.
Grym greddf, nid gras, a'm meddiannodd.
Codais glwb golff â'm llaw dde;
nid lle oedd hwn i ymbwyllo.

Sodrais ben y sarff yn wallgo a ffyrnig,
dro ar ôl tro wrth iddi wingo a hisian arnaf,
ei llofrudd, cyn iddi ymlonyddu a throi
yn gortyn llipa wrth fy nhraed.

Wrth i'r sarff farw bu farw hefyd fy ofn.

Efnisien

(Ceir ei hanes yn chwedl Branwen ferch Llŷr; cymeriad atgas sy'n creu gelyniaeth rhwng dyn a dyn, ac yn brototeip o'r treisiwr a'r terfysgwr didosturi ymhob oes.)

Rwy'n ofni a hi'n hwyrhau, fin ei awch;
fynyched drwy'r oesau
mae ei hil ef yn amlhau.

Daw yn rhith Hitler, Nero, dienyddiwr,
hil-laddwr fyn lwyddo;
gwelaf drên Belsen lle bo
a thanwydd ar daith yno
i'w bwrw i nos y siambr nwy;
yno rhythaf ar drothwy
ingol ddôr eu hangladd hwy.

O lam y gwaetgwn fflamau dim i'w weld
ond mwg o'r ffwrneisiau
ar aden i'r wybrennau
o bwll ing yn ymbellhau.

Gwyrdroi ynni'n ynni anwar wna hwn
i wenwyno'n daear
ynni a draidd i dir âr,
trwy esgyrn â'i rym treisgar;
lluniwr y bom atomig,
cawr sinistr ein dinistr dig.

Hudwr niwl dros belydr nen
a safn nos yw Efnisien.
Bwriai'i ofn a'n gobaith brau
a hed o'i fygythiadau.

Lluniwr terfyn terfynol i deulu
ein bodolaeth ddynol,
O! aros yr awr hwyrol
hon – o'r dibyn dal yn ôl.

Cwestiwn

A haf yn niwedd Mehefin
olaf y mileniwm hwn
yn haf anhafaidd hefyd,
pa ots gan y môr?

Fe'i gwyliais a minnau'n cropian
ar y graean yn grwt;
meddyliais mai tegan
yw'r môr i mi,
i roi ambell gic iddo,
tegan i chwarae ag o
nes iddo estyn ei fraich
ac â dim ond blaen ei fys bach
chwalu fy nghaer dywod gyntaf erioed.

Ni thosturiodd;
roedd yn ysgwyd gan chwerthin.
Ymledodd gwên ei ddannedd gwynion
o graig y Castell i'r Greigddu.

Pa ots gan y môr
am y caerau
a godais wedyn?

Meini ar y Traeth

Wrth i mi ei holi
atebodd y dibyn
ar ddiwedd mileniwm
ei fod yr un oed,
o fewn mileniwm neu ddau,
â gwynt y môr
sy'n awr yn grychau
ar wyneb y dyfnder.

Pa bryd, ynte, y chwydaist ti
o'th grombil glai
y meini a guddiaist
ers cyn co'
a'u gadael i ddisgyn
yn dalpiau du o dragwyddoldeb
trwm ar wyneb y traeth?

Yn awr, fin nos,
rhwng hwyr yr haf a'r hydref
rwy'n gweled ymwelwyr olaf Medi
â'u cregyn, crancod gwinglyd
o'r pyllau mewn blychau plastig,
yn ymwáu fel y rhithiau
o bwll i bwll, crothau, cronfeydd
dechreuadau bywyd, y celloedd byw cyntaf.

Yn y man dringodd eu plant dros y meini,
gwarchodwyr oesol y pyllau,
ar waetha cri drwy'r gwyll huddygliw
rhieni'n eu galw tua'r ceir
cyn clwydo –
plant y teganau deinosor,
plant y mileniwm newydd,

plant llawn miri'n amharod
i gilio o greigiau â chyfrinachau ganddynt,
i gilio o greigiau a oedd yn rhy galed
i'r sarrug ddeinosoriaid
yn eu hwyrnos adael arnynt
sêl ddadlennol eu crafangau.

Pobol Mwyar Duon

Felly
yr arferem eu galw nhw,
ymwelwyr a ddaethai'n rheolaidd
pan oedd mwyar aeddfed Medi
yn pefrio'n y gwrychoedd a'r perthi.

Mor hamddenol
eu symudiad o wrych i wrych,
mor ofalus, rhag ofn i'r drain
bigo eu bysedd meinion.

Fel arfer,
canol oed neu hŷn oeddynt;
gŵr a gwraig, efallai,
mam oedrannus a merch
neu ddwy chwaer.

Enwog
am eu cynildeb oeddynt;
dywedodd Anti Bet, Caerwylan,
wrthyf ryw dro i un cwpl
hel digon o fwyar
i dalu eu bil bwrw Sul!

I ble aethon nhw
i gyd, deudwch,
yn eu hetiau gwellt, rhuban coch,
eu sgerti llaes
a'u blowsus gwynion?

Gresyn na wnaeth Monet
ddarlun ohonynt.

Merch mewn Anarac

Ar fin y traeth, fin nos rhwng dau olau
yn nechrau Hydref, fe'i gwyliwn a'i golwg
wedi ei hoelio ar y môr agored.

A'i chefn tuag ataf safodd
ar y gwelltglas mewn anarac brown
a stripen goch arno'n gwreichioni'n y gwyll.

Safai ar lecyn lle'r arferai
ffotograffwyr oedi am ennyd
i dynnu ciplun o'r Castell,
y gaer eglur ar greigle.

Safodd y ferch yn stond
ar y llecyn am hydoedd
fel pe bai'r hwyrddydd tyner
yn ei chofleidio a'i dal yn yr unlle.

Ni thorrais air â hi
ond tybiais ei bod
yn lliwio yn ei chof
ddarlun dyfrliw o'm cynefin,
dyfrliw o ddiwedd haf
ar gyfer y gaeaf hir,
efallai, mewn fflat yn Llundain
neu Fanceinion.

Ni wn, ond gwn y gwyddai hi
mai bywyd gwael yw'r bywyd hwn
oni allwn yn awr ac yn y man
osod gofalon o'r neilltu
a gwneud dim ond sefyll
a syllu fel hithau.

Ambell Ddiwrnod

Ym merw y byd y mae ambell ddiwrnod
yr ydym yn amharod i ollwng ein gafael arno,
diwrnod hyfryd a di-boen,
wedi min cyllell lawdriniaeth
iachusol efallai.

Neu ddiwrnod o ddyrchafiad anesboniadwy,
pan fo hwyrddydd haf bach Mihangel
yn hidlo diferion yr heulwen, fel bendithion,
o ganghennau'r deri a'r ynn
ar rediad pefriog afon Dwyfor.

Ond haf, hydref, aeaf neu wanwyn,
cyn clwydo, mae marwydos
ambell ddiwrnod yn darfod â'i flas
fel gwydraid o win rhuddgoch,
o gynhaeaf da, aeddfed
a saif ar y bwrdd wrth fy ochr.

Emyn Nadolig

(Caneuon Ffydd: rhif 477)

Ganwyd Iesu'n nyddiau Herod,
ganwyd Iesu'n Frenin Nef,
gwelwyd seren yn y dwyrain
oedd yn arwain ato Ef.

> *(ar ôl pob pennill):*
> Rhown ein moliant uwch ei breseb;
> mae'r gogoniant ar ei wyneb,
> wyneb Iesu, wyneb Iesu, Brenin Nef.

Wele'r seren fry'n y dwyrain
yno'n sefyll yn y nen
uwch y lle gorweddai'r bychan:
bu llawenydd mawr dros ben.

Rhoes y doethion eu hanrhegion
wrth ei breseb ar y gwair,
aur a thus a myrr a sidan,
llawer trysor i Fab Mair.

Dwed angylion gyda dynion
Ef yw'r trysor mwya'i fri,
a thra rhodiom lwybrau daear
Iesu Grist fo'n brenin ni.

Yr Orymdaith i Galfaria (Kreuztragung) Pieter Bruegel.
(Gyda chaniatâd Kunsthistorisches Museum, Wien oder KHM, Wien).

Emyn y Groglith

(Mesur hir; awgrymir y dôn Rimington)

Safasom gyda'r dyrfa syn
ymgasglodd ar Galfaria Fryn,
gweld Iesu'n gwyro dan ei bwn
wrth gario Croes y cread crwn.

Gorymdaith arw a welsom ni
pan droediai'r ffordd i Galfari,
a chlywed pob dirmygus sen
a fwriwyd ar ei sanctaidd ben.

Fe'i gwelsom Ef dan hoelion dur
a rhediad gwaed angheuol gur;
y milwyr yn ei glwyfo Ef
cyn iddo rwygo'r llen â'i lef.

Ni welodd Pilat ynddo nam
cyn iddo hoelio'r Crist ar gam;
yr un yw'r dorf ymhob rhyw oes –
am hoelio Crist yn dynn i'w groes.

Mae bryntni dyn yn codi braw
pan ddeil y morthwyl yn ei law,
gan sodro'r hoelion drwy y cnawd
er gwybod mai Efe yw'n brawd.

Gall daear fod yn ddrych o'r nef
drwy wneuthur ei ewyllys Ef;
ein nefol dad, ein Ceidwad cu,
all droi yn wawr yr hirnos ddu.

Emyn Priodas

(Mesur emyn-dôn M.C.)

Boed i ddiddanwch y dydd hwn,
Dydd llon dan wên Dy hedd,
Barhau i'r ddeuddyn drwy eu hoes
Yn ddydd eu cariad wledd.

Boed i fendithion uniad gwir
A ddaeth â'r ddau ynghyd
Barhau i'w nerthu ar eu taith
Wrth groesi moroedd byd.

Wrth iddynt forio tonnau'r aig
Mewn gwyntoedd teg neu groes,
Boed iddynt brofi llaw eu Duw
Yn llywio mordaith oes.

O! Cadwer hwy rhag creigiau cudd
Dan wyneb llyfn y môr;
Ac wrth noswylio, d'ofal Di
Fo drostynt, Arglwydd Iôr.

R. Williams Parry

(Orffews Cymru)

Dy grwth di o groth daear – yw hudwr
   Y nodau digymar;
   Nid oedd dy arch yn garchar
   I seiniau dy geinciau gwâr.

William Jones, Tremadog

Gwir gyfaill, gŵr i'w gofio, – a hiwmor
   Yn ei drem, a chroeso.
   Blodau yw ei eiriau o,
   Yn rhwydwaith lle bu'n troedio.

Lewis Valentine

(Yr ymgeisydd seneddol cyntaf dros y Blaid Genedlaethol,
ym Mai 1929; pleidleisiodd 609 iddo;
1929 oedd blwyddyn y dirwasgiad mawr.)

Yn gydfryd â Bendigeidfran, – wleidydd
   A'i wlad iddo'n winllan,
   Bu'n bont gre' i dros chwe chan
   deiliad gael croesi dwylan.

Y Groes Naid*

(Croes Llywelyn ap Gruffudd, Tywysog Cymru, 1258-1282)

Hon a ddaliwyd yn ei ddwylo, – arwydd
O hiraeth y Cymro,
Yn mynnu cadw fyth mewn co'
Ei wraidd cyn y dadwreiddio.

* Mae dirgelwch ynghylch tynged y Groes Naid. Yn ôl llythyr a dderbyniais, 1 Medi, 1982, oddi wrth Gaplan Tŵr Llundain, fe'i cadwyd mewn seler yn y Tŵr, a'r tebygrwydd yw iddi, neu o leiaf ei bôn, wedi iddi gael ei hysbeilio o'i gemau, gael ei llosgi gan dân yn y Tŵr ym 1841. Mae darlun o'r Groes Naid i'w weld ar nenfwd Capel San Siôr yn Windsor.

Tristan Da Cunha

(Ynys fechan folcanig yn neheudir Môr Iwerydd. Gorfodwyd i'r trigolion ymadael â'r ynys ym 1961 oherwydd echdoriad y folcano.)

'Pa rai, dylwyth adwythig, – wna hafog
o'ch cartrefi unig?'
'Duw ei hun, nid dynion dig,
a dreisia'n daear ysig.'

Carneddog a'i Briod

(Wrth iddynt hwythau ymadael â'u cartref; lluniais yr englyn wedi i mi weld y ffoto adnabyddus yn Y Cymro.)

Athrist y gwyliant lethrau – anwylaf
Y Moelwyn drwy ddagrau.
Clyw, Nanmor, drwy d'ororau,
Eco oer – Carneddi'n cau.

Colledigion Brwydr y 'Falklands'

(Fe'u darllenais o'r gadair mewn cyfarfod o Gyngor Sir Gwynedd,
Gorffennaf 15, 1982, i goffáu milwyr a laddwyd
yn y rhyfel o Wynedd)

Degau o'r lladdedigion – heb eu heirch,
　　Heb orchudd ond eigion,
　　Eu bedd diannedd dan don
　　Yr Iwerydd yr awron.

Canwyd Hen Wlad Fy Nhadau yn arwyl
　　Iwerydd y llanciau,
　　A thrist yw'r môr dros gist gau
　　Llong yr ing, llong yr angau.

Y Nadolig Cyntaf

(Teyrnged y Doethion)

Ei eiddilwch addolwn, – yr Iesu
　　Mewn preseb a welwn;
　　Ein haur o'n bodd a roddwn
　　A'n mawrhad – Mab Mair yw hwn.

Nadolig

(1992)

Yn nhawelwch Nadolig – y seiniwn
    'Hosanna! Bendefig;
    Di, Geidwad bendigedig
    Ein daear ddall, waedrudd ddig.'

Nos sarrug, dy fwyn seren – a welir
    Yn orielau'r wybren,
    A chawn ias weld gloywach nen
    A nefoedd mewn ffurfafen.

Am Nad Oedd Lle yn y Llety

Ei haeddiant oedd ei orseddu, – tro gwael
    Ei adael mewn beudy,
    A'r buarth heb ei garthu,
    Yn llawn tail, dim lle'n y tŷ.

Eto, heb nerth mae'n perthyn
Mewn crud i holl deulu dyn;
Ei aelwyd ydyw'r galon
A'i wir grud yw'r ddaear gron.

Bethlehem

(Nadolig 2002)

Rhua'r gwn drwy fro'r geni – yn dilyn
    Ei deiliaid eleni
    Rhag Herod yn cysgodi
    Ddydd a nos, pan wleddwn ni.

Afon Dwyfor

O Gwm Pennant i'w hantur – y try hon
    Tua'r traeth drwy'r suntur,
   A'i dyli'n gadael dolur
   Daear dôl dan aradr dur.

Dan geulan gudd y'i gwelir, – wniadreg
    Holl raeadrau'r coetir;
   Edau wen drwy lednais dir
   Eifionydd yw gwe'r feinir.

Mae'n ei dŵr, i'r gŵr a garo – enwair,
    Bysgod glân yn nofio;
   Yn dynn yn ei abwyd o
   Tan y coed maent yn cydio.

Yn oer eigion Llyn Gwragedd – mae eog
    O'r mwyaf yn gorwedd;
   Mae gwâl yno'n ymgeledd,
   Dyfnder yn hyder a hedd.

Trwy Lyn Cam y llam ei lli, – a'i hwyneb
    Tua thonnau'r weilgi,
   Cân Dwyfor yw: *Môr i mi*,
   A'i rhedlif yn pêr odli.

Ger araf drofâu'r afon – hynafol
    Anghofiwn ofalon;
   Ei lli sy'n eli calon
   Yn yr oes wyllt, ddyrys hon.

Ger Dwyfor egyr deufyd – eu dorau,
    Gwelaf diroedd hyfryd;
   Yno bwriaf am ennyd
   O'm meddyliau boenau byd.

Yn Naw Deg Oed

(20.10.2002)

Estynnaf ddwylo eiddilach,
a'u ffurfio'n gwpanau i ddal
pelydrau'r heulwen hwyrol,

heulwen hedd ddiwedd hydref,
heulwen o dawelwch
hydref heb danbeidrwydd.

Eto,
rhaid cau fy llygaid
rhag fy nallu
gan loywder yr heulwen hwyrol hon.

Eisoes mae ias aeafol
yng nghusan yr awel
fwyn ar fy wyneb.

Dwed wrthyf, Rabbi Ben Ezra,*
ai er hyn, weddill yr einioes,
mwyniant y munud yn fy mynwes,
yr heneiddiaf?

Oherwydd rhoddais groeso i'th wahoddiad
i heneiddio gyda thi
am fod y gorau eto i ddod,
yn ôl y Drefn,
yr olaf y gwnaed
y cyntaf er ei fwyn.

* Gweler cerdd Robert Browning dan y teitl hwn.